Henry Harrisse

A MESSIEURS.

DU CONSEIL DE PRÉFECTURE
A TOURS,

PAUL-LOUIS COURIER, CULTIVATEUR.

MESSIEURS,

JE paye dans ce département 1314 francs d'impôts, et ne puis obtenir d'être inscrit sur la liste des
électeurs. A la préfecture, on me dit que mon domicile est à Paris, que je ne dois pas voter ici, et on
me renvoye à l'article 104 du Code civil ainsi conçu :

« Le domicile est au lieu du principal établisse-
» ment.

« Le changement de domicile s'opérera par le fait
» d'une habitation réelle dans un autre lieu, joint à
» l'intention d'y fixer son principal établissement.

« La preuve de l'intention résultera d'une décla-
» ration expresse faite tant à la municipalité du lieu
» que l'on quittera, qu'à celle du lieu où l'on aura
» transféré son domicile ».

Cette déclaration, je ne l'ai faite nulle part, ni à
Paris ni ailleurs ; mon principal établissement est la

maison de mon père à Luynes ; là est le champ que je cultive et dont je vis avec ma famille ; là mon toit paternel, la cendre de mes pères, l'héritage qu'ils m'ont transmis et que je n'ai quitté que quand il a fallu le défendre à la frontière. N'ayant rempli en aucun lieu aucune des formalités qui constituent, suivant la loi, le changement de domicile, je suis à cet égard comme si jamais je n'eusse bougé de ma maison de Luynes. C'est l'opinion des gens de loi que j'ai consultés là-dessus, et j'en ai consulté plusieurs qui, de contraire avis en tout le reste (car ils suivent différents partis dans nos malheureuses dissensions) sur ce point seul n'ont qu'une voix. En résumé voici ce qu'ils disent.

Mon domicile de droit est selon le Code à Luynes. Mon domicile de fait à Veretz, où j'ai depuis deux ans, maison, femme et enfants. Ces deux communes étant dans le même arrondissement du département d'Indre et Loire, mon domicile est de toute façon dans ce département où je dois voter comme électeur. Si je nommois les jurisconsultes de qui je tiens cette décision, vous seriez étonnés, Messieurs, vous admireriez, j'en suis sûr, qu'entre des hommes de sentiments si opposés, surtout en matière d'élections, il ait pu se trouver un point sur lequel tous fussent d'accord, et c'est ce qui donne d'autant plus de poids à leur avis.

Mais que dire après cela d'une note qu'on me produit comme pièce convaincante et d'une autorité irréfragable, décisive ? Cette note du maire de Veretz adressée au préfet de Tours, porte en termes clairs et précis : *Courier, propriétaire domicilié à Paris.* Dans ce peu de mots je trouve, Messieurs, deux choses à remarquer : l'une que le maire de Veretz qui me voit depuis deux ans établi à sa porte, dans cette commune dont il est le premier magistrat, et où lui-même m'a adressé des citations à domicile, ne veut pas néanmoins que j'y sois domicilié. L'autre chose fort remarquable, est qu'en même temps il me déclare domicilié à Paris. Le préfet prenant acte de cette déclaration, part delà. Mon affaire est faite, ou la sienne peut-être, j'entends celle du préfet. Il refuse, quelque réclamation que je lui puisse adresser, de m'admettre au rang des électeurs, et me voilà déchu de mon droit.

Que signifie cependant cette assertion du maire ? sur quoi l'a-t-il fondée ? Il pouvoit nier mon domicile dans la commune de Veretz, si je n'en ai fait aucune déclaration légale. Mais avancer et affirmer que mon domicile est à Paris, où je n'ai pas une chambre, pas un lit, pas un meuble, c'est être un peu hardi, ce me semble. De quelque part qu'ayent pu lui venir ces instructions, fut-ce même de Paris, il est mal informé. Aussi mal informé est le préfet, qui sur ce point eût mieux fait de s'en rapporter à la notoriété publique, recommandée par les ministres comme un bon moyen de completter les listes électorales. Cette notoriété lui eût appris d'abord que nul n'est mieux que moi établi et domicilié dans ce département, et que je n'eus de ma vie domicile à Paris, non plus qu'à Vienne, à Rome, à Naples, et dans les autres capitales où tour à tour me conduisirent les chances de la guerre et l'étude des arts, et où j'ai résidé plus longtemps qu'à Paris, sans perdre pour cela mon domicile au lieu de mon unique établissement dans le département d'Indre et Loire.

Certes, quand je bivouaquois sur les bords du Danube, mon domicile n'étoit pas là. Quand je retrouvois dans la poussière des bibliothèques d'Italie, les chefs-d'œuvres perdus de l'antiquité grecque, je n'étois pas à demeure dans ces bibliothèques. Et depuis, lorsque seul, au temps de 1815, je rompis le silence de la France opprimée, j'étois bien à Paris, mais non domicilié. Mon domicile étoit à Luynes, dans le pays malheureux alors dont j'osai prendre la défense.

Si je me présentois pour voter à Paris où on me dit domicilié, le préfet de Paris, sans doute aussi scrupuleux que celui-ci, ne manqueroit pas de me dire : Vous êtes Tourangeau, allez voter à Tours. Vous n'avez point ici de domicile élu, votre établissement est à Luynes. Et si je contestois, il me présenteroit une pièce imprimée , signée de moi , connue de tout le monde à Paris. C'est la Pétition que j'adressois en 1816 aux deux Chambres, en faveur de la commune de Luynes, et qui commence par ces mots : Je suis Tourangeau, j'habite Luynes. Vous voyez bien, me diroit-il, que quand vous parliez de la sorte pour les habitants de Luynes, persécutés alors et traités en ennemis par les autorités de ce temps, vous vous regardiez comme ayant parmi eux votre domicile. Montrez-moi que depuis vous avez transporté ce domicile à Paris, et je vous y laisse voter. Le préfet de Paris me tenant ce langage , auroit quelque raison. Les ministres l'approuveroient indubitablement, et le public ne pourroit le blâmer. Mais ici le cas est différent ; j'en ai donné ci-dessus la preuve et n'ai pas besoin d'y revenir. J'y ajouterai seulement que pour m'ôter mon domicile et le droit de voter dans ce département où est mon manoir paternel, il faudroit me prouver que j'ai fait élection de domicile ailleurs, et non le dire simplement ; au lieu que ma négative suffit quand on n'y oppose aucune preuve, et ce n'est pas à moi de prouver cette négative, ce qui ne se peut humainement ; c'est à ceux qui veulent m'ôter l'usage de mon droit, de faire voir que je l'ai perdu, sans quoi mon droit subsiste et ne peut m'être enlevé par la seule parole du préfet.

Un mot encore là-dessus , Messieurs. Je prouve

mon domicile ici , non-seulement par le fait de mon établissement héréditaire à Luynes, mais par une infinité d'actes , de citations, de jugements, acquisition et ventes de propriétés foncières faites en différents temps par moi dans ce département. Il faudroit, pour détruire ces preuves, m'opposer un acte formel d'élection de domicile ailleurs. Ce sont là des choses connues de tout le monde et de moi-même qui ne sçais rien en pareille matière.

Vous êtes bien surpris, Messieurs ; ceux d'entre vous qui ont pu voir et connoître dans ce pays mon père , ma mère et mon grand-père, et qui m'ont vu leur succéder; qui sçavent que non-seulement j'ai conservé les biens de mon père dans ce département , mais qu'ailleurs je ne possède rien et ne puis être chez moi qu'ici , dans la maison de mon père, à Luynes , où je n'ai jamais cessé d'avoir , je ne dis pas mon principal , mais mon unique établissement connu de tous ceux qui me connoissent ; les personnes qui sçavent tout cela, penseront que ce qui m'arrive à quelque chose d'extraordinaire, et ne concevront sûrement pas qu'on puisse nier, parlant à vous, mon domicile parmi vous; car autant vaudroit, moi présent, nier mon existence. Oui , de pareilles chicanes sont extraordinaires. Cela est nouveau, surprenant, et je pardonne à ceux qui refusent d'y ajouter foi, l'ayant seulement entendu dire. Voici cependant une chose encore plus,

dirai-je incroyable? non, plus bizarre, plus singu-
lière.

Quand je serois domicilié, (comme il est clair que
je ne le suis pas, puisque le mâire l'assure au préfet),
quand même je serois domicilié dans ce département,
payant 1300 francs d'impôts, cela ne suffiroit pas
encore, il me faudroit, pour exercer mes droits
d'électeur, prouver à M. le préfet et le convaincre,
qui plus est, que je n'ai voté nulle part ailleurs, nulle
part depuis quatre ans. Entendez bien ceci, Messieurs;
je vais le répéter. Pour qu'on me laisse user de mes
droits de citoyen dans ce département, il faut que je
fasse voir clairement au préfet, par des documents po-
sitifs, par des preuves irrécusables, que je n'ai pas
voté comme électeur à Lyon, que je n'ai pas voté à
Rouen, point voté à Bordeaux, ni à Nantes, ni à
Lille, ni ... mais prenez la liste de tous les départements, c'est celle des preuves de non vote et de non
exercice de mes droits que je dois fournir au préfet,
sans compter que quand j'aurai prouvé que je n'ai
point voté cette année, il me faudra faire la même
preuve pour l'an passé, pour l'autre année, enfin
pour toutes les années, tous les chefs-lieux de départements où j'ai pu voter depuis qu'on vote. Compre-
nez-vous maintenant, Messieurs? si vous refusez de
m'en croire, lisez la circulaire imprimée du préfet, en
date du 16 septembre, vous y trouverez ce paragraphe:

Dans le cas où vous n'auriez pas encore joui de vos droits d'électeur dans le département, (c'est, Messieurs, le cas où je me trouve), *il est nécessaire que vous vouliez bien m'envoyer un acte qui constate que depuis quatre ans vous n'avez pas exercé ces droits dans un autre département.*

Que vous en semble, Messieurs ? Pour moi, lisant cela, je me crus déchu sans retour du droit que la Charte m'octroye, et sans pouvoir m'en plaindre, puisque c'étoit la loi. Ainsi l'avoit réglé la loi que le préfet citoit exactement. Car à ce même paragraphe la circulaire ajoute : *Comme le prescrit la loi du 5 février 1817.* Le moyen, je vous prie, Messieurs, de fournir la preuve qu'on demandoit ? Comment démontrer au préfet de manière à le satisfaire, que depuis quatre ans je n'ai voté dans aucun des quatre-vingt-quatre départements qui, avec celui-ci, composent toute la France. Il m'eût fallu pour cela non un acte seulement, mais quatre-vingt-quatre actes d'autant de préfets aussi sincères et d'aussi bonne foi que celui de Tours ; encore ne pourrois-je avec toutes leurs attestations montrer que je n'ai point voté. Quelqu'absurde en soi que me parut la demande d'une telle preuve, de la preuve d'un fait négatif, je croyois bonnement, je l'avoue, cette demande autorisée par la loi qu'on me citoit, et n'avois aucun doute sur cette allégation, tant je connoissois

(9)

peu les ruses, les profondeurs...... J'admirois qu'il
pût y avoir des loix si contraires au bon sens. Or,
on me l'a fait voir cette loi où j'ai lu ce qui suit
à l'article cité :

« Le domicile politique de tout Français est dans
» le département où il a son domile réel. Néanmoins
» il pourra le transférer dans tout autre département
» où il paiera des contributions directes, à la charge
» par lui d'en faire, six mois d'avance, une décla-
» ration expresse devant le préfet du département où
» il aura son domicile politique actuel, et devant le
» préfet du département où il voudra le transférer.

» La translation du domicile réel ou politique ne
» donnera l'exercice du droit politique, relativement
» à l'élection des députés, qu'à celui qui, dans les
» quatre ans antérieurs, ne l'aura point exercé dans
» un autre département.

Tout cela paroît fort raisonnable, mais s'y trouve-
t-il un seul mot qui autorise le préfet à demander
un acte tel que celui dont il est question dans la
circulaire, et qui m'oblige à le produire ? il ne s'a-
git là d'autre chose que de translation de domicile,
et l'on m'applique cet article à moi, cultivant l'héritage
de mon père et de mon grand-père, et de cette ap-
plication résulte la demande d'une preuve négative
qu'aucune loi ne peut exiger.

Il faut cependant m'y résoudre et montrer à la préfecture que je n'ai voté nulle part. Sans cela je ne puis voter ici. Sans cela je perds mon droit, et le pis de l'affaire, c'est que ce sera ma faute. La même circulaire le dit expressément et finit par ces mots :

J'ai lieu de croire que vous vous empresserez de m'envoyer la pièce dont la loi réclame la remise (quoique la loi n'en dise rien) afin de ne pas vous priver de l'avantage de concourir à des choix utiles et honorables. On auroit droit de vous reprocher votre négligence, si vous en apportiez dans cette circonstance.

Belle conclusion ! Si je néglige de prouver que je n'ai voté nulle part, si je ne produis une pièce impossible à produire, je suis déchu de mon droit, et de plus ce sera ma faute. Ciel, donnez-nous patience ! C'est-là ce qu'on appelle ici administrer, et ailleurs gouverner.

Je ne m'arrêterai pas davantage, Messieurs, à vous faire sentir le ridicule de ce qu'on exige de moi. La chose parle d'elle-même. Je n'ai vu personne qui ne fût choqué de l'absurdité de telles demandes, et affligé en même-temps de la figure que font faire au gouvernement, ceux qui employent en son nom de si pitoyables finesses, en le servant, à ce qu'ils disent. Dieu nous préserve vous et moi d'être jamais servis de la sorte ! Non, parmi tant d'individus qui dans les choses de cette nature diffèrent d'opinion presque tous, et desquels on peut dire avec juste raison, autant de têtes autant d'avis et de façons de voir toutes diverses, je n'en ai pas trouvé un seul qui pût rien comprendre aux prétextes dont on se sert pour m'écarter de l'assemblée électorale. Et par quelle raison veut-on m'en éloigner? Que craint-on de moi qui depuis trente ans ayant vu tant de pouvoirs nouveaux, tant de gouvernements se succéder, me suis accommodé à tous et n'en ai blâmé que les abus, partisant déclaré de tout ordre établi, de tout état de choses supportable, ami de tout gouvernement, sans rien demander à aucun? D'où peut venir, Messieurs, ce système d'exclusion dirigé contre moi, contre moi seul? car je ne crois pas qu'on ait fait à personne les mêmes difficultés, et j'ai lieu de penser que des lettres imprimées et en apparence adressées à tous les électeurs de ce département, ont été composées pour moi. Par où ai-je pu m'attirer cette attention, cette distinction? Je l'ignore et ne vois rien dans ma vie, dans ma conduite jusqu'à ce jour qui puisse être suspect de mauvaise intention, de cabale, d'intrigue, de vue particulière ou d'esprit de parti, ni faire ombrage à qui que ce soit. Est-ce haine personnelle de M. le préfet? me croit-il son ennemi parce qu'il m'est arrivé de lui parler librement? Il se tromperoit fort. Ce n'est pas d'aujourd'hui ni avec lui seulement que j'en use de cette façon. J'ai bien d'autres griefs, moi Courier, contre lui qui cherche à me ravir le plus beau, le plus cher, le plus précieux de mes droits, et pourtant je ne lui en veux point. Je sçais à quoi oblige une place, ou je m'en doute pour mieux dire, et plains les gens qui ne peuvent ni parler ni agir d'après leur sentiment, s'ils ont un sentiment.

Mon droit est évident, palpable, incontestable. Tout le monde en convient et nul n'y contredit, excepté le préfet. Je vous prie donc, Messieurs, de m'inscrire sur les listes où mon nom doit paroître et n'a pu être omis que par la plus insigne mauvaise foi. Je suis électeur, je veux l'être et en exercer tous les droits. Je n'y renoncerai jamais, et je déclare ici, Messieurs, devant vous, devant tous ceux qui peuvent entendre ma voix, je les prends à témoin que je proteste ici contre toute opération que pourroit faire sans moi le collége électoral, et regarde comme nulle toute nomination qui en résulteroit, à moins qu'une décision légale n'ait statué sur la requête que j'ai l'honneur de vous adresser.

A PARIS, DE L'IMPRIMERIE DE A. BOBÉE.